対人苦の解決
明るい未来へ

――北川八郎

高木書房

はじめに

誰しもが体験されているように、考えを変えることは容易《たやす》く、自分の生き方や習慣や人生方向を変えていくことはとても難しい……しかし、人生の潮の境目や、リセットすべき時期に来ている時、人との出会いや大病、事故、人的トラブル等によって、生き方が大きく変わる事を体験します。

もしその出合いで、人生の方向が良き方向に変えられるならば、こんな幸せなチャンスはありません。

そういう意味で人に出会う、本に出合う、トラブルに出遭うのはすばらしい。

例えば、コップの中の濁った水に薄い赤や薄い青の液を少量たらしても、その変化にはほとんど気づかないでしょう。ところが透明な水に一滴の赤、一滴の青が入ればはっきり解ります。

そういう形で透明感ある生き方や純な心で日頃から生活していると、神の啓示にすぐに気づくようになるでしょう。

まず、現代生活の中で対人苦を克服されると、なんと明るい人生があるかと、その清々しさに、はねまわりたくなることでしょう。

この本が皆様の転機のチャンスの元となり「心の支えとなる本」となりますように。

「私達はトランジット中」

私達は短い時間だけ
地球という空港にトランジットしている旅人にすぎない
ほんの少しの間　今　地球にトランジット中
もうすぐ地球から去ってしまうだろう
その短い間　争い　喧嘩　いじめ　グチを言うよりも
仲良く　思いやり合って　助け合い
笑顔の交換をしたほうがなんと楽しい事か……
私達は八十年前後　ここ　地球に
トランジットしているにすぎないのだから
人間性の向上と、良き仲間づくりと
助け合う楽しさを学んで次の旅に旅立とう

「あなたが対人苦から解放された時」

あなたが対人苦から解放された時、あなたの前にチャンスの神さまが現われるでしょう。チャンスの神さまは、次の三つをあなたにもたらします。

①良き友
②楽しい出会い
③恩人

そう③のあなたの人生を変える「恩人」が、必ず現われます。

歴史上の創業者、成功者または才能を発揮した人はみな、一〇〇％次のように言っています。

「私は人生の転機、転機に必ず恩人と言える人が現われた。あの人が現われたから、今の私がある」と。

すべての成功者は、その事を口にしています。

あなたが人を嫌がり、人にグチと悪口と批判を、たくさんする限り、あなたは信頼されなくなる。そしてチャンスの神が、あなたの元を去ってゆく。

もっと解り易く言うと、

あなたが、いつも「ありがとう」と感謝を口にするようになり、周りが「いい人ばかり」「この人達といつまでも仕事を一緒にしたい」といった好意の仲間づくりができた時、あなたの才能を生かすチャンスの神が、あなたの肩をたたき、背中を押してくれる日がきっとくるでしょう。

対人苦から解放されて　明るい未来へ　―目　次―

第III章　家庭における対人苦

第Ⅳ章　アラカルト

カバー、本文中のイラスト……北川麦彦

第Ⅰ章　人はみな、目的と使命を持って生まれている

人は皆この世に生まれてきた意味がある。
むやみやたらに生まれきた訳ではない。
分子や細胞に秩序があるように、
一つの法則のもとに目的を持って生を得た事に気づこう。
この生命にスイッチを入れしものの意図を感じる時、
なぞが解けるでしょう。
私達は皆それぞれの使命と宿題を持って
この地球に押し出された存在、
限られた命ある者である事に気づくと
感謝が生まれるでしょう。

対人苦のない人生
―短いトランジット―

まず私達はこの地球に生まれてきた意味と目的があります。なんとなく二十一世紀を生きる日本人に生まれたのではなく、人間としてこの世紀に日本に生まれ、人生時間を過ごす事は大きな意味があると知りましょう。

この限られた地球時間に宿題を与えられて、短い生を生き抜かねばなりません。この地球における生というのは、サッカーの試合に出させられた選手みたいなもので、試合全体の流れを良くみないと点が入らない仕組み、いわゆるルールづくりになっています。

私達は短い地球空港のトランジット（乗り換え）中みたいなものです。この短い時を有効に楽しく、トラブル少なく、点を入れつつ、生き抜く法則を身につけてゆきましょう。

「対人苦から解放される秘訣」

一、この人生は思い通り、うまくいかないのが普通であるという事です。思い通りにいかないように目に見えない地球のルールがいろいろ施されています。だから努力が必要なのです。

一、みんな宿題を与えられ、今生中にその答を果すように求められています。怒り易い人、すぐ嘆く人、面倒くさがり屋、体力のある人、ない人、ローカルに生まれた人、都会の名門に生まれた人……みんな意味があり宿題を与えられています。両親の血筋、友人、兄弟姉妹、それぞれの能力や好みの違い……みんな意味があり、それ等を認め協力し、頒ち合い、争い少なくどう生きてゆくかが学びどころです。

第一の命題は、人生は思い通りにいかない。

そこで、まず、

（一）怒らない　（二）人を嫌わない　（三）才能を使って人の為に生きる　事にしぼって、法則を身につけて生きましょう。

（一）「怒らない」

怒りは人生の大敵、人間の悪しき癖《くせ》の一つです。「怒り少なく生きる」為に、怒り続けると人生は破壊されてゆくと知りましょう。

怒ると五つの破壊が起ります。

①対人関係が壊れる――怒る人は嫌われ人が逃げてゆく
②家庭が壊れる――家族が皆怒り易く喧嘩が絶えず、イライラ不満家族になる
③仕事場で対立し、仕事を失う
④怒りで自分の心が壊れ、人の心も壊してゆく
⑤怒る人は、行き着くところ……それは病気となって現われ、体が壊れる

人生の半ばまできてもまだ怒りを収め切れない人は、夜遅い食事と脂っこい食事、

肉やさしみ、ラーメン等が中心の、イライラし易い食事を好み、再び怒りの世界へ踏み出してしまいます。

そして終《つい》には病を得る（糖尿、心臓病、脳血栓、ガン）という道筋に到ります。

怒る人はみな血液の病やウツやガンのような大きな病の世界へ入って行くのを避けられません。

怒りに勝るものは、許しと善行しかないのです。

まず「怒らない毎日を目ざす」「怒らない人生を送る」「怒りは毒、毒は飲まない」と目覚める事です。

その為には「許す事」……自分も他人も許す事。みんな悩みの人、みんなこの人生を辛いと思って一生懸命生きている。みんな幸せになりたいのだから、道をふさがない、失敗や失態を許してあげましょう。

「許す事」に続いて二番目は、「祈り」を覚える事です。「祈り」は私達人類に与えられた素晴らしい能力の一つです。

祈る事を恥ずかしがったり、宗教的と無視したり、そんなものってバカにしたりする事は、とてももったいない虚《むな》しい事です。

心を込めた純な「祈り」は、必ず通じるという事を体験して下さい。


私は幼い頃から「他人に迷惑をかけないように生きなさい」と周りの人々からしつこく教えられました。ですから若い時は「迷惑をかける人」を……「なんでしゃんとやらないのだ、迷惑をかけないで生きるのが日本人だろ」と怒っていました。

ある方から、インドの人は「人は迷惑をかけないで生きるのは不可能。だから迷惑をかけられても許せる大きな人になりなさい」と教えて子供を育てると聞きました。

その通りだと思うようになりました。

まず周りの人の迷惑と失敗を少しずつ「許す」事から始めましょう。

日本人の大きな特質に『寛容』という心の持ち方があります。「寛容の人」になるのが、日本人の理想（目ざすところ）と言えます。

怒りがもたらすものは「破壊だけ」だと認識してゆきましょう。

寛容になるには、ある秘訣があります。

それは、良い事も悪い事も、ウエルカム、ウエルカムと思う事、良い人も悪しき人も、ウエルカム、ウエルカムと日頃からつぶやくのです。

そうすると、悪しき事や嫌な人がやってこなくなるから不思議です。

手伝う人や向上心のある人や、仕事につながる良き事がやってくるから不思議です。

(二)「嫌わない」

自分と相性の合わない人、嫌いな人、苦手の人……つい警戒してしまう人が、この世にいるのは当たり前、神が用意した宿題です。

どんな組織(学校、職場、国、人種)にいても、生きている限り嫌いな人、好きになれない人がいて当たり前です。でも自分の心の置き所を変え、人を受け入れる練習をすると、その「嫌いな人」を激減する事ができます。

◉「投げたものが返ってくる」という法則があります。

●人を嫌うと嫌われる。好意を持つと好かれる。

●嫌いは次の嫌いな人を呼ぶ。怒っていると周りが嫌いな人だらけになるだろう。まず自分から周りに好意を持つ練習をしてみるのです。

──◇──◇──◇──

私が体験した話──あるセミナーで五十代の部長さん

私はいつもイライラし、ブツブツと文句を口にし、部下を責めていました。だって言う事は聞かないし、ミスばかりするし、しかもついてこない。みんな能なしばかりでしたから……なぜやらないんだ、もっとやれるだろう。途中でやめるなよ、ホントに……って怒り、「嫌なヤツ」ばかりでした。

ある時から、私の部署が変わり二連休がとれるようになった時、妻から「犬の散歩をお願い」って頼まれ、土日の朝に近くを犬とウォーキングするようになったのです。ところが途中で会う人が、誰も挨拶をしてくれない。知らん顔して行き交うんです。「あー　こりゃなんと嫌いなタイプの人ばかり住んでいる土地に家を建てたもんだ。困ったなあ……」と毎日思っていました。

ある時、散歩で出会った若い女性が連れていた犬からポロッとボールが私達の所に転がってきて……「あっ　おはよう！　ボールをどうぞ！」と渡すと「おはようございます。ありがとう」と言われニコッとされたのです。

それから行き交う散歩相手に、できる限りこちらから「おはようございます。気持ちいいですね」と声をかけ始めたら、みんな、それこそ行き交う人みなさんが、ニコッとして「おはよう」を交わしてくれるのです……あれ？……。

なんと「嫌なヤツ」は私だったのです。

私がブスッと恐い顔した「嫌なヤツ」そのものだったと気がついたのです。

今までは随分部下に嫌な思い、辛い思いをさせたなと、先生のセミナーを聞いて心から悪かったと反省しています。

(三)　才能を使って人の為に生きる

「好意を持つ」

◉人を嫌わない……よりももう少し一歩踏み出して、人に少し「好意を持つ」練習をしてみると、みるみる周りが変わります。自分の周りは嫌な人ばかりではなく、気の小さい自分が自分を守る為に、人を嫌い過ぎている事があると気がついてみるのも大切です。

☆☆なかなか人を嫌う癖が直らない時、次の言葉を唱えてみるように勧めます。「私が嫌う人も、私を嫌う人も、みな幸あれ、福あれ、光あれ」と五回は唱えてみるのです。

☆☆☆一番いい方法は、嫌いな人、苦手な人の背中に向ってやさしい色の光を「ビーム」のように送る事です。これができるようになると、自分の中の人を嫌うガチガチの心が溶けていきます。

「山田さん、あなたに光を送ります。幸あれ」……と光を送る事をしてごらんなさい。心が軽くなってゆきます。

☆　ウエルカム、ウエルカム、いいことも悪しき事もウエルカム……唱える

☆　光を送る、とにかく光を送る

「投げたものが返ってくる」のです。自分の中に好意が育つと、周りの人から好意と笑顔が返されてきます。それは雨の中に傘をささないで歩くと濡れるのと同じ位、確実なこの世の法則であるのです。

そして好意が育ってくると、才能が芽生えます。

その才能を人々の為、人々の笑顔の為に使ってゆく事に目覚めてみると、より大きな波紋が身の周りから広がってゆくでしょう。

『この世の法則』

この世には、見えない大きな力、大きな法則が働いている事に早く気づいたほうが良い。この見えない力の仕組みを知ると知らぬとでは、生き方に大きな違いが生じるでしょう。

三十代になったなら、このことをそろそろ知って、生きざまを変えたほうが良いだろうと思います。運が大きく変わってくる事を体験するでしょう。

私達がこの地球にいられるのは、長い人生で七十年〜八十年だけであります。

あっという間の滞在。

そして、このお気に入りの体はもちろん、お気に入りの時計も、洋服もベッドも、小道具もすべて置いてゆかねばならない。

この地球を去る時は、皆すみやかに、ほとんど黙《もく》して去ってゆく。

その後の便りはほとんどない。


ところが、この地球に人間としてくる時は、その人、その魂が目的を持ってやってくる。時代と国と両親を選んでやってくる。特に自分の意思でその運を選んでくる。そして、この生での宿題を果たす為に、両親を選んでやってくる事を知っておいたほうが良いでしょう。

人々は一つとして同じ顔がないように、それぞれがそれぞれの別な使命を抱いて宿題をこの世に果たしにきている。せっかくいい国に生まれたのだから、これ以上また新たな今生の宿題を増やさないようにしよう。また前の世で遺《のこ》したとされる宿題もきちんとやり遂げるように気づきのレベルを上げてゆこう。

年齢を経るにつれて私たちは皆、何かそれぞれ、目的、つまりこの世に使命を持ってきている事に気づき始める。それに早いうちに気づいた人は幸せである。もし早くに目的に気づき使命を果たさんとするならば、苦は少なく、いつも平和感と充実感に満ちている事になるでしょう。

ところが自分の目的からはずれ、自分の使命を全く顧《かえり》みることなく、欲の道の方にはずれると、そのはずれた距離に応じて、いろいろと苦と虚しさに捕われる。これが普通である。

もし、あなたにイライラが続き、いつも虚しい時は、自分の持って生まれた意味や使命や、この今世の目的から遠くはずれていないか、立ち止まって考えてみるのもいいのではないでしょうか。

自分の使命を果たしている時、顔は生き生きとし、毎日は充実感に満たされて、才能とチャンスに恵まれている事でしょう。

『心は形をとる』

「気をつけてね」が口癖の人は、その「気をつける事」をイメージする時は、あなたがその事――トラブルや事故や病気――が大好きで選んでいる事になります。「気をつける事」は「事故やトラブルに遭ってね」と言っているのと同じなのです。

航空会社が飛行機から降りる時、「皆さま、今日も風邪などひかないよう気をつけてお過ごし下さい」と言うのは「風邪をひいてお過ごし下さい」と言っているのと同じ事になります。

いつもイメージしたり、イメージさせたりすると、そのイメージが鮮明なほどそれがやってきます。だから、

「今日も一日笑顔のある楽しい一日でありますように祈ります」とか、

「今日一日が順調な日でありますように」といった笑顔と健康と繁栄をイメージできる言葉で送り出す事が大切です。

日本人は「不幸にならないように」「失敗しないように」「人に迷惑をかけないように」というように生きる不安習慣を身につけています。それでは毎日失敗しないように、失敗しないように緊張して生きてゆかねばなりません。

人生を楽しめません。

「そら、言った通り気ィつけんから不幸がやってきただろう」と言ったりしますが、私にしたら「あなたが、そちらに水を引いたんだよ」という事になります。

毎日口にしている事、思っている事の五割以上が、マイナスの感情やうまくいかない事への心配事だとしたら、その方向に自分の人生を望んでいる事になります。

それは、あなたが不幸や心配や失敗が大好きだから、いつもその事を口にし想っている事になるからです。

もし笑顔や裕福や楽しい事が好きならば、友人、家族、会社の人々、嫌いな人々にでさえも笑顔が満ちているように、いつも想い祈って下さい。

一日の五割以上をその楽しい想いで占めて「少年時代のようにワクワク」して人生の大部分を過ごしてゆけるように「良かったと感謝」を口癖にして下さい。

一人だと憂鬱《ゆううつ》になる人は、元気のいい笑い合える友を増やしましょう。また逆に友人に「大丈夫、大丈夫」って言ってあげられる明るい友に自分がなりましょう。そうするとあなたは「明るく、楽しく、元気な人」になってゆきます。

その上、落ちついて、物事に淡々とやり抜くようになってゆくと……「聡明な友人」になれるでしょう。「聡明な人」って素敵ですよ。

人生からできる限り心配事、不安、マイナスのイメージ、怒り事を少なくして、かわりに愉快な事、楽しくなる事、裕福な自分、やさしく思いやりのある自分を想い浮かべて暮らしましょう。そうすると、きっと光の丘に立っている事でしょう。

〝グチをチェック〟

〝口癖をチェック〟

〝気持ちいい……うれしい……を毎日一回は言おう〟

信こそ世間を渡る貨幣である

会社でも個人でも、社会から信を得た人は、お金や不運の事に思い煩《わずら》わなくなるでしょう。少しの損を恐れず、利よりも信を選びましょう。

「今のその信の道を行け。必ず光の丘にたどり着く」と言われています。どんな場面においても、利よりも信を選ぶ心の習慣を身につけた人は、恐れなくていい。多少の波はあっても、良き事のすべては向こうからやってくるようになるからです。

その為には少しの失敗や苦しみ、損も覚悟せねばなりません。少しの傷みも受け取らねばならない。

財貨を多く得たならば、財を得るまでに成した罪をつぐなう為に、多少社会の人々に頒ち与えられるようになると、対人苦は消えてゆく。

信こそ、目に見えぬ黄金の財なのである。

信こそこの世を渡る貨幣と知って大事にしよう。
少し損をしても信を守る人になろう。

信を大事にしない人が多い中にあって、また利と拡大を追う会社の中にあって、敢《かん》然《ぜん》と「信」を選び続ける人になれば、その会社は同業の中で最も光り耀く会社となるのは目に見えています。昔、郷土の先輩に出光佐三さんという方がいたのを思い出します。光り輝く人となりました。

信を選ばない会社は滅び、お金を歓迎して信と人の心を歓迎しない組織は消えてゆく。逆に信を選び、最初の苦しさに耐えるならば、信はその会社と人にとって最高の財となるのです。

「人として生き、信を貫こう。
利よりも信という徳こそ、幸をもたらす」
「損をしてでも信を選ぶ人」と言われるように……光の丘を目ざせ。

きっと胸を張る時がやってくる。出光佐三さんのように……世に貢献したたくさんの成功者、人々のように……。

(出光佐三……出光石油の創業者)

『清富に生きる』

少し裕福である事は、良き対人関係を保つ為に大切だ。

豊になる為には、ケチにならない事だ。そして信を失わないよう、乏しき中からでも寄附の形で頒ち与えていると必ず世間は味方する。

裕福になる為に自分を売ろうとあれこれ策を練らなくてもいい。

どうしたら人々に喜びと安らぎを与えられるかを思い続けるだけでいい。

これは不思議な 法則 だ。

お金は人の為に手離すと返ってくる。

自分の快の為に使っていると消えてしまう。

ケチになってしっかり握りしめると、落ちこぼれてしまう。

『お金はせちがらくすると逃げ、乏しき中からでも与えると集まってくる』

神様はうまく 法則 を作っている。


豊かであって与えようとしない人は、この世で二つの苦に見舞われる。

一つは対人関係で苦しみ、顔がゆがみ、唇がゆがんでくる事だ。

二つ目は失う事を恐れ、体がねじれ、胃と腸の苦と肥満という体型から脱出できなくなる。


乏しき中から頒《わか》ち与えたなら、聖霊が必ずやってきて何か不思議なプレゼントを私達に運んでくれる。爽やかさと穏やかさと平和を……そして心豊かなたくさんの友人というプレゼントが用意されている。

心のさわやかさほど清々しく、気持ちの良いものはない。

人々から「ありがとう。あなたのおかげで今日はとても楽しい日となりました」と言われる充実感は、どんな快にも勝る生きるエネルギーとなるだろう。

日常において少し損してでも、「ありがとうと言われるほうを選べ」。それを習慣にすると、この世を渡る時、必ず数倍の充実感と平和感と、昔にくらべて千倍にも等しいたくさんの仕事、たくさんの成果がやってくる。勇気を持って信を選ぼう。

売るための奇策や派手な宣伝よりも、信と誠実さが一番。人が喜ぶ事を考えて、頒ち与える心が人々をひきつけ、繁栄のもととなる。

それは現代でも通じる変わらぬ銀の法則。いや「ゴールデンルール」だろう。

与えよ与えよ、慈意と好意と親切を。与えよ与えよ、やさしさと喜びと救いを……お礼や感謝の言葉を期待せずに、与えっぱなしにする事が大切。

ケチはますます貧しさの中に沈む。

現実生活で富裕感をもってケチなく生きる事……ゆるぎなく、いつまでも続けよ……栄えるだろう

北川八郎　心に静音をもたらす言葉（Ⅰ）

対人苦は
自分が人を許さない時から始まる

「嫌いな人」ばかり
「苦手な人」ばかり
「消えてほしい人」ばかり
という思いが
自分を苦しめ始めるだろう
「嫌いな人」「相性の悪い人」
「敵である人」こそ
我が師と思い
トラブルの時
人々を　許す事をとり入れよう

人づき合いに
上手　下手はいらない
みんな下手なのです
誠実だけでいい
それで渡れます
太陽の下にゆくと
傘をささない限り
陽はあなたにもそそぐ

「チャンスは人がもたらす」
だから
人を嫌うと
チャンスを失い続ける
それでもなお
人を嫌うと
チャンスと才能の二つを
失ってゆく
なんとなくでいい……ありがとうと
世間に好意を抱く自分を育てよう

嫌いな人との出会いこそ
神の恵み
私達に様々な気づきをもたらす
嫌いな人に出会ってこそ
学びと成長がもたらされる
時が過ぎ
この出会いの意味を学んだ時
この出会いに感謝する日が
きっとくる……だから
どんな嫌いな人でも
嫌ったまま　残りの人生の大半を
過す事がなきように

嘆く人は
嘆きの人生が
いつまでも終わらない
足りない　足りないと
口にする人は
十年たっても
足りない　足りないと言っている
つまり　人は
自分の口ぐせに人生が導かれていく
これが法則の一つ
光のバスに乗り換えてみよう

〝心には力がある〟
いつも思っている事が
実現する
良き事も
悪しき事も
夢と
希望も
心配も

第Ⅱ章　『職場における対人苦からの脱出』

次のような「人の法則」があります。

[a] 求める人と出会う
[b] 思いは伝わる　思いは移る
[c] すべて自分のなした事の受取人は自分
[d] 人は人になした事を必ず受け取る

人に恐怖を与えたものは、必ず自分も恐怖を受け取る
人に喜びを与えたものは、必ず自分も喜びを受け取る

―『天敵こそわが師』―

会社勤めをただ稼ぐ為にすると、楽な仕事や休みの多い仕事を求める。そうすると人間の質が落ちてゆくから、生き甲斐が失われ、せちがらい人間になってゆく。

会社は対人関係を学ぶ所と考えを切り換えると、謙虚になり人生が変わってきます。


a「求める人と出会う」とは、あの人は嫌いと、相性の悪い人ばかりを気にし思っていると、どんどんそんな人が自分の周りに集まってくる事を意味しています。いつも「嫌だ、面白くない」と思っていると、心の力が働いて潜在意識は「あなたが求めている」その人との出会いの方向に働いてゆく。

人生がうまくいかない人や嘆きの人は「うまくいかない事」や「嘆くような事件や出来事が大好き」だから、いつもその事を思ってひきつけてゆく。「お金がない、お金がほしい」と言っている人は、十年後も同じように「お金がない、足りない足りない」と騒いでいる事でしょう。

もう一度言いますが、人を嫌う人は――あんな人嫌い、こんな人も嫌いといつも思っていたら――そんな人達が周りに増えてゆきます。それは、「求める人と出会う」事になるからです。

良い事であれ、嫌な事であれ、いつもそれを気にしていると、それを欲している事と同じになり、求める人達ばかりに出会う。

車を白から青に変えたら、やたらに青色の車が目につくようになるように、同じ現象の出来事をひきつけ現実になるのです。

[b]「思いは伝わる　思いは移る」とは、自分がイライラしていると周りの人もイライラしてくる。一人でも誰かが激しく怒ると、その部屋は怒りと緊張でたちまち一杯になる。

だから上司は部や課や社内で朝から怒り顔を続けたり、イライラしていると、人々のやる気を奪っていく事になると気づかねばなりません。

朝の気分は大切です。上司が機嫌良く爽やかで思いやりがあれば、その会社そのチームはみな仲が良くなり、当然モチベーションも成績も上がる。

C　部下を怒ったり貶《おとし》めたり嫌うと、その恐怖を受取るのは最後は自分。
ある知り合いの銀座の有力な宝石関係の部長さんは、とにかく人を傷つけるのが癖になっていました。その人の多くの部下がウツになったり、会社に来れなくなったり、辞めたりしてしまっていたのです。

「能力のない奴はドンドン辞めてもらいたい」がその人の口癖でしたが、十年もしない内にその恐怖を自分が受け取る事になりました。

「どうしてこんな丈夫な体の俺が」と腹を立てる度に、心臓が痛むようになり、しまいにはある小さな事件で、小さな事柄を自分の責任とされ、ついに退職せざるを得なくなってしまったのです。

『人は人に成した事をすべて受取る……喜びも、悲しみも、あなた次第』

だから周りの人にやさしさや思いやりや手助けをしていると、いつも人々から助けてもらえるようになる。何でも良いから「お陰さま、お陰さま」と感謝できるように生きてゆくと、もうその恐怖を受け取る心配はない。

『人を叱る』

◉つい叱る癖のある人は、叱っているのではなく、多くの場合「なじっている」事が多いのです。叱りっぱなしでは、人を救う事はできません。

「なぜできない」「何をさせても中途半端」そして「どうするんだよ……」と叱りっぱなしで終わるのは、それは叱り導くのではなく人を傷つけているだけなのです。叱られた人は仕事はできなくなります。

その怒りの人の下には、人は育たないでしょう。特に誇りを傷つけると人々はもう再び帰って来ません。人の誇りを奪うような言葉を吐く人は、上司の資格がありません。

「叱り言葉に、良き未来の言葉や希望ある励ましの言葉を入れましょう」

これがコツです。

◉『いつも良き未来を語れ　そうするとそれがやってくる』

叱る時も、必ず良き未来を、叱る言葉の中に入れる事が大切。

「……してみろよ。お前は能力があるんだから」

「もう一度やって、トライしてみよう。次はうまくゆくから……きっと楽しくなる」

「失敗が多くてもきっと糸口がみつかるから、落ち着いて次は丁寧にやる事を覚えなさい」

叱る時には、その人が次は成功できるように、良き未来を必ず叱り言葉に入れて励ます事が、人を育てる事につながるのです。

◉「好意のない叱りは人をダメにしてゆく」

会社内は良く良くみれば「みんないい人」と気づく事が大切。そして明るく人の手助けもしてあげると、人は必ず自分が困った時に助けてくれる。

いつもお土産を買ってきてくれる同僚には、自分もお土産を買ってお返ししたくなるように……。

明るい未来が欲しいならば、日常の自分を明るく振舞えるように……良き友をつくりまた良き先輩を求め、そして自分が良き友、良き先輩となってゆくように人々に好意を持つ練習が、あなたを輝かせる。

「雨に濡れるとすぐ風邪をひくから気をつけなさい」と幼い頃母親から教えこまれた人は、少しの雨でも体調を壊し、濡れるとすぐに「あーやっぱり嫌だ」と苦が増える。

いつもマイナスの予想し、心配症の人は、その事がやってくる前から「来たらどうしよう」と苦しむ。それはただ未来を怖れる癖。心の癖がついてしまっている。その悪しきマイナスの予想癖は意識して治してゆこう。

性格ではなく「ただの癖」なのだから治せる。

「私の未来は、きっと明るい」「大丈夫、きちんとやっていれば未来は良くなる」を口癖にしましょう。そうすると一年後には、きっと明るい性格の自分を発見するでしょう。


……………


次の言葉をいつも使ってみよう。

人に対して、

「たいしたもんだね」

「さすがだね……」

「頑張っているから、うまくいくんだね」

弱い人には、

「大丈夫　大丈夫」

「落ちついてやれば大丈夫」

とにかく「大丈夫だよ」という言葉は人を救う。

「きっと良くなるよ」

「頑張る人には必ず光がやってくるって」

「明るい未来が必ずくるよ」

「天は、あなたみたいな人を見捨てはしないよ」

いつも、いつも励ましていると、一番励まされているのは自分である事が解る日がくるでしょう。

「さあ……光の丘に向って進め!!」

…………

生きる事は「嘆き」と「自分の利」にあるのではなく、「人の役に立つ人生」が私達の主目的であると気づくと楽しい。

この地球に少しの間トランジットしている、私達の大事な心の仕事の一つが「人の笑顔に生きる」であると気づくと、会社も面白くなる。

何となく会社や人に対して「ほんわか好意」を持つ生き方に目覚めよう。

いつも自分や周りの人に元気になる言葉や、感謝されるような言葉や、勇気がでるような言葉を投げかけてみよう。「なんと人生は楽しいのだろう」と思える日が必ずやってくると約束できる。

d

「人は、すべて自分のなした事を受け取る」

歳をとってくると。つくづくこの事が解る日々がやってきます。「なした事のすべての受取人は自分」、だから怒りに怒りをもって投げ合っていると、投げ合う二人ともやられる。いつまでも根に持って許さないでいると、やがて自分の運の船が座礁してしまうでしょう。

だから会社では今の仕事を自分の為にやりつくしなさい。仕事を工夫して面白くして「嫌だ、嫌だ」という心を追放していると、きっと仕事が「あれっ」という位楽しくなる時がきます。その時が運の変わり目……。

「チャンスの神が必ずあなたに恩人を連れて訪れる」

世界中で、うまくいった人、上昇気流に乗った人は、例外なく恩人に出会っています。そして成功した誰もが「あの人が転機をもたらしてくれた。とても感謝している」と言っています。

それは対人苦に悩み、グチと文句に明け暮れしている人には訪れません。そろそろここらで――人生をリセットし、心の転機を図ってみると良いでしょう。きっと輝く日が、この本の読者の方に訪れるでしょう。大丈夫です。

あなたは未来（将来）、あなたのなした事をすべて受取ることになるでしょう。

『良き対人関係に生きよう』

会社においては「良き対人関係に生きる」が、すべてだと言えましょう。

（一）会社は一見恐い人だらけ、やり手だらけ、嫌な合わないタイプの人だらけと思うでしょうが、会社は実は「人格を磨く所」であるのです。

（二）嫌な人、嫌なタイプの人を嫌なまま放っておいても、会社が辛くなるだけです。

・会社の人々に「尊敬と感謝」を持ち込む事を学びましょう。「さすが」、「ありがとうございます」の二つを日常とすると和が生まれます。

（三）天敵こそ我が師 と知りましょう。「天敵に会えるなんて素晴らしい学びの場」と言えるのです。

そこでの理不尽な注文、押しつけ、やきもち、無視、蔑視……等さまざまな事を学んで、私達が成長するのです。耐える必要はありません。「寛容」に変えてゆくのです。

それらから何が生まれ、どんな苦しみが生じ、それらが何を職場にもたらすかを学んで、私達は成長する。自分が上に立った時、チームや会社をまとめる時に、それがあなたの才能になってゆくでしょう。

ただ「嘆き・文句の人」になっては十年後も、二十年後も嘆きの人、現実から逃げる人になってしまっているでしょう。

天敵はあなたに成長とさらなる転機をもたらしてくれる人なのです。

今は、何も解らないかも知れません。大きな船の「舳先《へさき》」に立って果てしない海を見ているようなものなのです。海はただ広くて、自分の船は一体どこに向っているのであろう……。

ある程度、人生時間が終わって船尾に立ってみる事ができた時、自分の船の通ってきた航跡を見つける事ができるようになります。

あなたの人生の転機も、はっきり確める事ができる日が来るでしょう。

『上下関係は好意に基づいてこそ成り立つ』

上の人がスタッフに好意を持ち、おだやかであると、そのチームは活気づく。上が部下を嫌っていてはチームは動かない。

上の者がいつも不安で数字、数字ばかりをかかげて、ハッパをかけているつもりで逆に人々を不安に陥《おとしい》れていないだろうか。

上が不安を煽《あお》るチームは沈んでゆく。

人々は隠れてサボリ、やる気を失ってゆく。自分の欲と能力中心の上司の下では人は動かない。部下を信じず「……もっとやれよ」と求めるだけの人は、人が離れて行く。

数字を掲げてほめ言葉で励ますと、テンションは上るけれど「モチベーション」は上らない。「モチベーション」を上げない「煽りだけの報奨」では、部下のやる気はすぐに落ちてゆくでしょう。

モチベーションは、働き甲斐や使命感、働く意味等を気づかせて、感謝につなげてこそ根づくものだからです。

根底に人としての好意が用意されていなければいけません。

○……………○

トップがしてはいけないことは、
人前で　①不安を口にする
②特定の人の失敗を責め続ける
③人の、人としての誇りを傷つける
の三つです。

『いつも「自分が一番正しい」と思っていないか……』

いつも「自分が一番正しい」と思っていると、周りの人は傷つき、より人がつかなくなります。

ある高校の主任をされている女性の先生が、胃ガンになられて私の所に来られた。

私は今毎日、抗ガン剤に苦しめられ頭の毛が抜けてしまいました。「なんで正しく生きてきた私が、こんな目にあわなくてはならないのか……？」とずっと周りの先生達、学校をうとましく思ってきました。

父からは「お前は頭が良く、いつも私が正しいと思っているが、皆がお前のように何でもできる訳ではないのだ。頭がいいだけが素晴らしいのではないのだから……できなくて普通くらいに思いなさい」と言われていましたが、私は受けつけなかった。「父は間違っている。勉強していい成績をあげて、いい大学に入って世に出て、いい会社や役人になって人の役に立つ事が、一番正しい」と常々言い続けました。

私の夫も私の子供も、もっと、もっとなぜ頑張らないのか、私の同僚にも私の父にも同じ物足りなさを感じていました。

「私が一番正しい」「みんな、何でそんなに手を抜いてやろうとするのか……ダメじゃないですか」と頭上から目線で見て、いつもイライラ、いつも腹が立ち、強い言葉で人を叱っていた。そんな正しい私が、頭の毛が抜けガンになるなんて……。初めて気がつきました。人を傷つけ自分を傷つけてきた事に……ずっと気がつかず生きてきて、今は恥しい。

『心にある力』（北川八郎「心の講話集」）の本を読み、先生のセミナーを父親から無理やり受けさせられ……私は急ぎ、慌て、成果ばかりを求め、人としてやさしさと思いやりの袋を置き忘れてきた……と気がついたのです。


私達は自分が優秀であると、つい「私が一番正しい」という落とし穴にはまり込んでしまい、人を責めて自分の人生もゆがめられている事に気づかなくなっていく。大切なのは、遅れる人の手をとってあげたり、手伝ってあげたり、声をかけてあげ共に笑顔を頒ち合う心を養う為に勉強するのであると気づく事です。

皆がみな同じ優秀さである必要はない。優秀にも色々ある。手先が器用、音楽能力が高い、運動能力が素晴らしい、話し上手、本が好き、自然や絵に理解が深い、深いやさしさを持っている、料理上手、おっとりして平和感がある等々。

今の職業を通して一体この世に何を求めてきているのかを、時々は語り合おう。
「あなたが毎日想い、追い求めているものが
あなたの顔をつくる」……お金、お金、数字、数字ばかり言っていないだろうか。

『思いは伝わるは「ピグマリオ効果」とも言われる』

トップや強い思想が、その場を支配する事を言う。だから上司、社長、またはその部の部長が他人の失敗や売上げの下降ばかりを指摘して緊張を強《し》いる人であれば、その部、その会社の良い成績は長続きしない。

部下としては「気のバリアー」を張って「気の鉄カブト」をかぶって、会社に行き上司のマイナスの玉から心を守り、自分の仕事のベストを尽くすようにしてゆくのがいい。

「気のバリアー」は「光の輪」をイメージして、強い人、恐い人の激語を光のバリアーで守るという練習を繰り返すと気のバリアーが張れてくる。

ただ、どんな事があってもその上司や同僚や部を嫌ったり憎んだり、蔑《さげす》んだりしたら、自分が負ける。なぜなら気のバリアーは自分のマイナスの心にすぐ破られるからです。

光に満ちて、ただ座っているがいい。

恐れたり、怒ったりすると心のエネルギーは蛇口が開いて、どんどん自分から流れ出てしまう事を知っておくと役立つでしょう。

強い非難の会議や怒りのある打ち合わせに出ると、クタクタになります。それは自分のエネルギーが流出してしまったからです。もちろん一番クタクタになるのは、怒りを発する上司なのです。

『同僚や上司への批判は向上心のない会社をつくっていく』

検討会議や居酒屋での集い等で、業績や成果を褒め合ったり、失敗を指摘しているのはいいが、人間性や性格をけなし合う集いの多い会社は、やがて消えてゆく。会社の創生期の向上途中にある時は、みなが高め合って向上心に燃えている事が多い。しかし会社が安定してきて人格をけなし合う集いが多くなってくると、その会社は会社の価値が見失われている証拠で、人材は外に流れてゆくだろう。

会社が大きくなって安定してくると、会社はその大きなワナにはまり込むから気をつけたほうがいい。

だから心して、特に上司は部下や役員の人間性のグチを人前でこぼしてはいけない。その会社を自分も一緒にダメにしていっているると気がつかねば、あっと言う間に業績は落ちてゆく。

また野球でもそうだが、そういう人をキャプテンに選んだ時、そのチームは勝てなくなる。つまり、そういう人を部長やキャプテンに選ぶ時が、運の境目と言えるのです。

居酒屋では、九〇％の会社員は大体、上司や顧客へのグチで盛り上がる。そのグチの会話に参加しない事が対人関係の向上につながる。

つまりその場では、ニコニコとしてグチ、文句、責め合いの意見に同調せず、意見を交換しない。「酒の場では議論に加わらない」を守る事が大切。自分の吐く意見と感情を居酒屋では交換しないと決心する事です。

『自分の耳が一番口に近い』

自分が日常社内や友人の間で喋る言葉、またいつもつい口にしてしまう嘆きなどの言葉、それらが人生を決めてゆくと知らねばならない。「自分の口が自分の耳に一番近い」。だから自分の吐く言葉を一番聞くのは、自分自身の耳なのです。

良き言葉、良き未来、楽しい事や勇気ある言葉、穏やかな言葉、美しいものをほめる自分の言葉をたくさん聴くと、自分の人生が向上する。

人の悪口はや失敗や恨み、憎しみ、うざい、嫌だという自分の言葉は、自分の身体と自分の将来をそちらに導くと知って、グチと文句をチェックしましょう。

「自分の口が自分を高め、自分の唇が自分の将来を明るくする」のです。

『人に恐怖を与えたものは必ず自分も恐怖を受け取る』

アラブのカダフィ大佐を思い出してもらうと解り易いのですが、歴史上には圧政したり国民を苦しめた皇帝や権力者は例外なく自分も恐怖を受け取り、一族が悲惨な目に遭っています。

そこまでいかなくても、トップとして、部長として、リーダーとして、部下を辞めさせたり、辞めた人の悪口を言ったり、「あいつのせい……」と口にし続け、部下を病に追い込んだ方は、自分が同じ恐怖に悩まされます。

「あの時、会社の状態では仕方なかったんだ。あいつが悪い……」と自己弁護しても、なした事は受け取らねばなりません。これがこの世のルール。

だからいじめてはいけません。いじめた側の人も訳のわからない病に苦しむ日がきます。

私の友人で同級生の社長の話です。彼の口癖は、

「私は怒りのエネルギーで生きている。ビシビシやらんと若い者は伸びない。まず朝から妻を叱り、息子にヤキを入れ、会社では役員部長を叱りまくるとピーンと緊張して張りのある会社となる。怒りは私のエネルギーなんだ。北川君のようにヤギさんみたいな、ヒョロヒョロした思想では一流はつとまらん……」でした。

大きな会社では、大部分の方はそうかも知れませんが、私は穏やかで和気合々として、その上心地よい緊張感ある会社も知っています。ところで、その友人は次に私の所にきた時、心臓疾患にかかっていました。

「怒る」と心臓が破れる程、痛むようになり会社に行けなくなってしまいました。

周りの人達に与えた恐怖で、しばらく自分が恐怖でおびえるようになってしまったのです。

しかしその後は「あなたが言うように、人に恐怖を与えていたら、やがて同じ恐怖を味わう事を学んだよ」と言うようになりました。

与えた恐怖はいつかあなたに追いつき、同じ痛みをもたらすのです。

怒りを日常としてはいけません。

また、ずっと怒り続けてはいけません。

「許す事」を人生にとり入れてゆきましょう。

この法則をきちんと学んで、部下に接するといいでしょう。

『会社は鵜の歯になるべきか』

ある会社から相談を受けました。

「会社一丸となってこの不景気に向って進みたいから、とにかく優秀な社員、同じ方向に進める人材を集めていますが……どう思われますか」

社長としては粒ぞろいで、同じ方向に一丸となる社員がたくさん欲しいと思うかも知れませんが、社員全員が粒ぞろいで同じ方向に向いていると、変化の大きい時代の波がきた時に弱い。反応が同じだから社会の異変に対処できないでしょう。そうなると企業は世界的な変化に対処できず一〇〇年はもたないでしょう。何十年も思い通りの小さな波はやってこないからです。

鵜の歯はそろって奥に向っているが、方向がバラバラだから小さな魚も大きな魚も確実にものにできる。同じように不揃いのダメ社員も採用するほうが、賢明でしょう。何が起きるか、これからは解らないのだから……。

『リーダーは余白をつくれ』

完璧で優秀な部長、社長の元では、いい社員は育たない。余白を持つ心を養うべきでしょう。カーナビが優秀だと皆カーナビに頼る癖がついてしまう。カーナビがなくなると社員は自分で動けなくなるでしょう。

社員に任せる余白の部分も日頃から作っておいたほうが良い。つまりそれぞれが決定し、責任をもって未来を見つめるようにしてあげるようにするといいでしょう。

日頃から社員が自分で考え行動するようにマニュアルを作ってあげる事です。

上の方が優秀で強いリーダー性があり、何事も万能で即決即断の社長が交代したり、いなくなると社員は迷い会社は急に行き惑う事が多くなります。

例　空海と最澄……最澄の後はずーと高僧が輩出した。部下に伸びる部分を残してあげた。

一方あまりにも完璧な空海のあと、高野山では傑僧が出ていないと言われている。

項羽と劉邦……優秀過ぎた項羽の元では、下が育たなかった。
庭と同じ。余白がないと寒い冬が続くと枯れる木が続出する。
例 ・ヨーロッパの庭園は花が一色で味気がない。余白がない。
・日本庭園はいろんな植物や木樹が混ざり趣《おもむき》を出す。
だから日本庭園は異変に強い。
・インドで、インド綿花をアメリカ方式、実りのある優秀なF―1にしたら五年で異変が起き、たちまち全滅――優れた種でも一種類だと弱いという結論に達した。そして今は古代種が復活した。

「ケチにならないように」

裕福になりたいでしょう？　その一歩はケチに徹しない事、ケチの人は出世しません。部下には「時には、思い切って奢《おご》ってあげましょう。

「ない時はない……」と正直でいいですが、ない時でも困っている団体や施設には寄附を続けましょう。そうすると天の金庫が開いて、あなたのサイフにお金が満ちてきます。

このあいだバリ島でそれを実施している人がいましたね。「バリ島のアニキ」と呼ばれている方ですが、神さま預金をしていたら、天の金庫が開いたようですね。その方のように神さま預金をしていると、必ず天の金庫が利子をつけて裕福にしてくれる日が必ずきます。

でもそれを身に飾る為、快をむさぼる為、見栄を張る為に使っていると、またすぐ対人不信、対人苦の世界に入ります。得たお金がすべり落ちてゆきます。

上をゆく人、さらに裕福になる人は、お金を「人生の向上に使う。人間を高めるセミナー費に使う。人との良き出会い、チャンスに使う。困っている人々の為に使う。友の為、部下の為、地域の為に思い切って使う」のです。

ケチになってはいけません。ケチとは、「お金がなーい」という状態が、私は好きと言っているると同じだからです。

食べて飲んで遊んで見栄の為に使っていると、またすぐにケチの世界に入ってしまいます。神からもらったお金は、人々の為に使ってこそ生きるのです。

そして素食にしていくのです。食はいつ（食べる時間）食べるか、何を（脂ものや油ものでなく、野菜中心）食べるか、一日何回食べるかで次の寿命への橋渡しが決まります。

五十歳を過ぎたら一日二食の少食で充分です。とにかく裕福になったら野菜食、少食、素食（玄米中心）、食べ過ぎないようすると長寿を得るでしょう。お約束します。

『ケチをのり越えよ』

「もの惜しみの心」、つまり「少しケチる心」をのり越える事は、裕福になる為にはとても大切だ。裕福になると、人との付き合いが楽しくなり、対人苦も小さくなってゆく。少し裕福になる事は大切だ。

日常でケチっていると、この少しのケチがトゲとなって、ストレスとなってゆく。この少しのケチ、小さな欲、「この位で……」というのをのり越えてゆくと、生きてゆくのが楽しくなる。

小さなケチからの脱出は大切です。

「自分にはケチで人には思い切っておごれ」と若い方々には教えています。なぜなら、たくさんの「いい人」に出会い始めるからです。私はその報告をたくさんの方々からいただいています。

とにかく、人には思い切って「おごりなさい」。

不思議な事にケチらなくなると収入の受口が、いつしか大きくなってゆくのです。

この事を知っている人は少ない。
だから……「人の為におごれ」と言いたい。
あなたが豊になるために……。

『会社が面白くない?』

今、会社が面白くなくても、心の足の重心を「いい仕事をしよう。とにかく、今の仕事にベストを尽くそう」とする方向に置きかえるといい。そして次に何がしたいかを探るのです。今いい仕事をしていたら次の橋渡しをしてくれる人が必ず現われるのです。

いやな上司こそ、自分の向上と運のチャンスメーカーなのだ。その人に出会うからこそ、自分の長所も自分の欠点も見えてくる。

それに気づくと運がきっと良い方向に変わってくる。

今のささいな仕事を「つまらない仕事でも何かを見つけて熱心にやる」と不思議な落ち着きと運の好転が同時に訪れる。

自分のためにいい仕事をし、仕事に自信を持つならば、上司との争点も自信を持って話せるし、意見が採用されなくても自分のことを認めてくれる人が現われるから不思議です。

いやいや仕事をしている人を、見込みがあると重用《ちょうよう》する人がどこにいましょう。仕事を熱心にやって、それぞれに工夫する所を探して天の預金を増やし楽しくしていると、不思議と自分を囲む環境が変化してくるのを体験するでしょう。

ある成功者から、「誰もができる事を誰もがマネできないまでやった……そして今がある」と教えていただいた事があります。

私達は、いつも順調であるわけはない。一生の間には、人生の苦や不運や逆境をのり越えなければならない「学びの時代」が必ず用意されています。

だから、嫌な上司に光を送ろう。

嫌な上司に遠くから笑顔を送ろう。

嫌な上司の健康を願う祈りを、陰で誰にも知られずにやってみよう。

きっとある奇跡が起きる……。

嫌な上司や仲間は自分の人格を向上させてくれる機会（チャンス）、神の恩寵《おんちょう》なのだ。（※恩寵…神から与えられた無償の賜物）

さあ、光の衣を着て、その人に接しよう。少し時間がかかるかも知れないが、次の状況の変化が起きるまで……続けよう。


――◇――◇――◇――

今、仕事がつまらない、生きるのが面白くない、未来が見えないと思っているあなたに聞いてみたいのです。

あなたの仕事は何ですか？

嘆く事ですか。

いつも人と対立する事ですか。

いつも人を叱る事ですか。

怒り顔で威張る事ですか。

それとも笑顔の人をたくさん生み出し、充実を得る事ですか。


叱られて嘆くことに自分を向けず、叱られて自分修正に心を向けてゆく事ができると、すごい事が起きるのですが。

若い日の失敗多き生き方を続ける内に『失敗の中に未来があり、希望がある』と教えられる日が必ずくるでしょう。

その上、「実にいい顔になったね」と言われる日も近い。

食べるために嫌々人生時間、心を売っていて、どうしていい仕事ができよう。

会社がつまらないだけである。

いやいや仕事をして、どうして人生が楽しかろう。

余った時間をお酒や快楽に費やして、心が休まる訳ではない。自分の人生を投げ出してはならないのです。

社会が、会社が厳しいからと言って、自分の誇りを捨て去ってはならないのです。

まず本当の自分とは何か、探す事から始めましょう。

自分の本当にしたい仕事や、なりたい人や行きたい所や、住んでみたい所や、大好きな景色、人々を探す旅に出ると良いでしょう。

向上心を燃やして、勉強会に参加してみると良いでしょう。

探し探し続けて、求め求め続けると必ず会うべき人が待っている事を体験します。

希望の灯をともし続け、友と師を求め続けよう。

議論し、人を罵倒《ばとう》していては、師は得られない。

北川八郎　心に静音をもたらす言葉（Ⅱ）

人は
あなたの投げる言葉の方向に添って
応じてくる
あなたが　ほめると
ほめられる人になってくるし
あなたが　責めると
それに応える人になっていく
あなたが　クサすと
それに　ふさわしい人になっていく
だから　認める事
感謝と　尊敬を
相手に捧げる事です

心配しないで

みんな　弱いし
みんな　逃げながら生きています
私も　弱い……
それでも　どうか
人様の輪に　飛び込んでみて下さい
生きるって　満更じゃないと
思う日が　やってきます
神は　いろいろな哀しみと
喜びを用意してくれています

強くなるほど
弱点が増える
大きくなるほど
巣穴が増える
それを知ったうえで
強くなり
大きくなろう

この人生を
やり直すのに
遅いという事は決してない
いつからでも
気づいた時点から
やり直す事ができる
争いの少ない人生が待っている
あなた次第

友にすがり
陽気で元気な人を訪ねよう
山々や
高原もあなたを救うだろう
内なる声に耳をすまし
光あるほうへ
良き師
良き友の傍らで
オーラを浴びよう

「友は変わる」

その人の心のレベルに
呼応して変わってくる
人は同じ目つきの仲間と
同じ服装の友と輪をつくる
だから
今の友があなたの心のレベルなのです
そう
まず　心を澄ませ
同じ方向に
歩む友を見つけよう

第Ⅲ章　家庭における対人苦

子供達は魂段階で、私達親を選んで生まれてくる。つまり子供達は、やたらにこの世に出てきたのではなく、私達の為に、私達親の遺伝子を指名して生まれてきたと言われる。私達親は子供達に選ばれた存在なのです。

私達は、先に生まれた者として、この世界の仕組みと地球の法則を教えて、子供達が才能を開花し人々に好かれる存在になるように導いてあげる事ができます。学歴よりもまず人間性そして健康的に生き、その与えられた寿命と能力をまっとうするように、道筋をつけてあげるのが、親の務めの一つです。

周りの人も子供も
「あなたが投げかける言葉にそった人間になっていく」のです。

子供に「そんなのでは、いい大人にならないよ」と言い続けると、そんな生き方を身につけてゆきます。

「あなたはガマン強いね。怒りをこらえられて、えらいね」と言うと、ガマン強い子になってゆきます。

「あなたは身体が弱くて、雨に濡れるとすぐに風邪をひく体質だからね。気をつけて」……と繰り返すと、雨を少しあびただけで風邪をひく体質になってゆくのです。

「あなたはきっと、おおらかな大人になるでしょうね。目に見えるようだ」と言い続けると、そんな人に育ってゆくでしょう。

人は投げかけた言葉に応じた人になってゆきます。

あなたが、子供を形づくるのです。

「あなたはアイサツもできない。感じの悪い人だね」と言われると、隣人はそういう人になってゆきます。周りの方も同じ反応をしめし、あなたが口にするような人になってゆきます。

〝人はあなたの言葉に応じた人になろうとする〟のです。

あなたが嫌い続けると、その人はあなたが望む嫌いな人となって、あなたの前に現われます。

あなたが「いい人だ。いい人だ」と言っていると、あなたの隣人はほほ笑みかけてくるようになるでしょう。

だから、あなたの気づき次第、あなたの投げかけ次第、いつもなじっていると周りはあなたが嫌いなタイプに満ちあふれてくるでしょう。

あなたの気づきのレベル次第で、赤い車、青い車、白い車それぞれが周りを固めるようになります。

『揺れない子育てを……』

子供には、できない事を責めるのではなく、子供ができた事を認め、励ます事に親は目覚ましょう。「できたところ探し」が親の務めです。

親として子に接する時、つい上から目線で「そんな事……ダメだろう」ととがめてしまう。それを「ダメ出し大人」と言います。

結果を出しても「……もっとできるだろう」と言っていると、だんだん「全力を尽くしていないじゃないか、もっと頑張れるはずだろう」としめつけて責めるのが習慣になってしまいます。

だんだん、よほどでないと相手を認めてあげられなくなり「厳しくやらなきゃ」「甘くしていたら結果がでない……」と責めて、子供達の向上心を奪ってしまうのです。

それが悪しき習慣と気がつかなくなっている事があります。どうか成績のいい子よりも責任感や、やさしさや、高い人間性を身につけた子を育てる事の大切さに気づいて下さい。

子供は親の吐く言葉に添った人間に育ってゆきます。けなしたり認めなかったり、苦情を言うと、治すよりもそれに応じる子に育ってゆくのです。

ですから、明るい希望や楽しい未来を含んだ言葉を子供達に吐いて下さい。

『ダメ！　は子供が立往生する』

子供には「ダメ……」「早くしなさい」「……そんな人じゃ置いてゆくよ」は禁句です。決して言ってはなりません。

一日何回も「ダメ、ダメ」「ダメよ、それは」ばっかり言っていませんか？　つい、子供の欠点ばかりを探していませんか？　私も昔はそうでした。

良い所を認めて肯定してゆく事で、子供は伸びてきたのです。温かく見守って「大丈夫、大丈夫、少しずつ良くなれば何でも身につくのだから」と、いつも励ましてあげると、どんどん伸びてゆきます。

「大好き」「すごい」「素晴らしい」「格好いい」と言って子供を抱きしめて下さい。子供に対して愛を深くし、励ましと頑張っていることを喜んであげると、努力が大好きな子供に育っていいます。

子供は親が毎日発する言葉に応じた人間になってゆきます。

――◇――◇――◇――

あるニートの子達を預かっている施設から、○○の県大会で学年で一番になった子が出てきたと聞きました。そこはいつも遅刻する子、学校に行けない子、朝起きれずコーラばかり飲む子達を預かっている所です。

そこではどんな事があっても、否定語を使わないようにしているそうです。徹底して「良くできたね」「どうしたらできた？」と、できた事を認め、できた過程や理由をしっかり見つめさせている。

遅れて起きてきた子も「昼前に起きれたね。爽やかだろう」。

学校に行ってすぐ帰ってきた子も「今日は大したもんだ。学校に行けた。エライ」等、とにかくできた事を、少し前進した事を認めて励ましていただけ……という。決して、けなさない。徹低して認める。少しできた事を喜んであげる。親がそれを示すと子は変わるのです。

それをしてあげましょう。大切な宝のような私達の子供だから……。

前より「少しできただけ」を見つけて認める。

「大丈夫、昨日より前進したね」……と。

もし学校に行けない子がいたら、将来を心配しないで、ただ立ち上がれるように……徹底して今少し前進した事を喜んであげ、光を送り祈る事で、必ず子供は立ち直る。時間は五年か十年かかるかもしれないが、良き期待、良き未来をいつも鮮明に描くのがコツです。

子供を大好きになって、深く愛し認めてゆくと子供は本当に良くなってゆくでしょう。神は努力する人達を決して見捨てない。愛情というエネルギーを絶やさないように、諦《あきら》めず、いつも子供に光を送ろう。

『「心にある力」を利用するコツ』

まず、『良き未来が「事実」である』と信じて、そのイメージや場面を明るく描いて「やってくる。感謝します」と何度も心にしみ込むまで思い浮かべて、受け入れる事です。

疑問と否定は、「良き未来の事実」を遠ざけると知って下さい。

ひたすらこうあって欲しい未来の形、場面を事実として実感すると、それがやってくるでしょう。小さな卑近な事柄から試して下さい。この法則に感謝していると、「心の奥の事実」は心の外、つまり現実世界の事実となって具現してくるでしょう。

これは本当の法則です。諦めずにやっていると、宇宙が味方してくれたという感覚を味わう事ができます。

どうか心配しないで下さい。心配し続けるとそれが現実化します。

「あなたが、いつも見つめているものが、あなたの顔をつくり現実となる」

「すぐに切れる女の子」

東京の私の友人大野勝次さんの話です。美容室に、いつも子供を二人連れたお母さんが休日にこられていました。そこでは上の娘が十分もすると、もう待ち切れず毎回大騒ぎするので困っていました。

それも寝転んで、両手足をバタバタさせ、キィキィという声を出して、お客さんの顰蹙《ひんしゅく》を買って困っていたのです。

大野さんが、食を大切にするマクロビアン（玄米菜食）の方だったので、そのお母さんに聞いてみたそうです。

「朝食は、どんなものを食べていますか」

「この娘は、パンが好きでバター塗ってチーズのせてベーコンとハムをはさむのが大好きで、時々チョコもはさむのです」

それでご機嫌良く学校にゆくので「ついそうさせています」

「下の長男の子は、二年生？　おとなしいけれど同じ食事ですか」

「いいえ、この男の子は和食党で、納豆、ノリゴハン、玉子くらいです」

「じゃ、上のお姉さんも和食にしてみて下さい」

「できるかなあ……」

「きっと大丈夫、十日間でいいから」

……………

お母さんから一週間目に連絡があり、「二人とも同じ食事にしたら、上のお姉ちゃんの症状がピタリと治ってしまいました。こんな事あるのですね。食事って大事なんですね。大変勉強になりました」

という事があったそうです。

『あなたが周りの人に投げる言葉に、人は応じた人となってゆく』

私のセミナーに、恐い顔をした方がきました。

「私の会社はつまらん奴ばかりです。勉強しないし、向上心もない。最近は学歴があっても人間ができとらんですね」……と「つまらん、つまらん」を連発していました。なる程、その方の周りは「つまらなそうな人」ばかり……でした。

「私の子供が少しも私の言葉を聞かないで、やる気が全くない。成績は悪くてボーとして、ゲームばかり」という相談も多いのです。

「あなたはつまらん人間。そんな事ではダメになる。勉強しなさい。もう少し頑張りなさい!!」

と言っていたら、人はできる人間もあなたの言葉に導かれて「つまらん、意欲のない人」になってゆくのです。

あなたがその方達を責めて、生き甲斐を奪っている事に気づきましょう。他人《ひと》を責める人は、「つまらん人間製造機」みたいなものです。

人の欠点をつき責めグチを投げ続けると、言われた人はどうしていいか立往生し、無表情の世界に入って、自分を守るしかありません。もっと希望ある言葉で導いてあげましょう。


「きっとうまくゆくよ」

「お前は見かけ以上に才能がある人だね」

「やったね。やれると思ったよ」

「あなたの笑顔は最高」

「よく頑張っていると聞いているよ」

「こうすれば……良くなるさ」

「ありがとうね、あなたのおかげ」

「その調子、失敗しても笑顔を忘れないで、正直でいいよ」

――◇――◇――◇――

何か励ましと努力を認める言葉と、その子が伸びる方向を示してあげるようになると、人は生き甲斐を持つ。何が本人の才能なのかを気づかせる事も大切。

全ての元は「好意」

〝好意こそ、人を育てる〟

別な呼び方をすれば「愛」ですね。「愛」こそ人を救う。

『子供に辛くあたると子供と親の人生が狂う』

あるセミナー終了後、学年主任をされている方が話を聞いて欲しいとこられました。自分の長女（小五）が、突然目が見えなくなったということでした。

「お医者さんは、なんと言っているのですか」

「お医者は、機能的欠陥は見られない。不思議ですって」

「そうですか。何か思い当たる事はありませんか」

……でつまりながら、お話してくれたのですが、三人の子の内長女に対してだけ、どうしてもガミガミ言ってしまう。ささいなできない事や反抗してくることにイライラして、叩く事もある……学校へ行けない日も出てきた。そして、ある日、目が見えなくなってしまった。どうしたらいいか……どうしてあの子に対してだけ腹が立つのか……それもイライラが止まらない……のです。

「あなたのお母さんから、あなたは同じ仕打ちを受けませんでしたか」

「そうです。受けていました……心の奥で憎んでいます」

「お母さんは何と！」

「私は正しい躾をやっただけ。あなたが心配で、反抗するから叩いた……躾ける為にやったのだから悪くない」

「今、あなたも同じ事を思ってあなたの長女に対して自己弁護していませんか……これは正しい躾だと。なんで私の言う事を聞かないのだ!!」

「そうです。その通りです」

「あなたの性格と、その子はとても似ていますね」

「なんか自分を見ているように思える時もあります。ウジウジしてはっきりしないで、泣きべそ……しっかりしなさいって思います」

「あなたのお母さんも、あなたの祖母から叱られ、叩かれたと言っていませんか」

「……そう聞きました……あっ……」

「そうです。あなたは親から受けた仕打ちを娘に仕返しする。祖母、母、自分、そして娘……四代に亘って仕返しの受け渡しをしているのです。もうここで思い切ってこの負の連鎖をストップさせないと、あなたの娘はまた娘の子に対してその業を受け継ぎ罪を重ねていきますよ。悲しみ、心の痛みのバトンタッチを、いつまでも続けなければなりません。もうここでストップさせましょう」

「どうすれば……」

「娘にその事を話して、

①両手をついて誤まるのです。『ごめんなさいって』

②お母さん、祖母を許す事、墓前に花を持って行って「許します」そして「もう恨みを流します」と報告するのです。
③もし私がイライラしたり、また叩きたくなったら、娘に『私を叱って……』また同じ事をしているって!!　と頼むのです。そして抱きしめて下さい。
④周りの人みんなにやさしく、思いやりを持って、できない人達を励ますのを、今後の使命とするのです。またどうしても、怒りが止まらなくなったら私に会いにきて下さい」

……………


その方は大体賢く、評判良く、できた方でした。ただ親からもらった業をやり場なく娘に返していた事に気づいたのです。

私達は、人に言えない罪や失敗や嫌な性格をみんな持っています。それでいい……それを理解ある方に話して罪を消して心を高めてゆきましょう。

その後、その方は、とても爽やかに生きて勤めを果たしています。

『対人苦は人生をゆがめる』

対人苦を持ち続けると、ガンや糖尿になり易くなります。なぜなら苦しみが続くと食事が変わり味の濃いものや、ラーメン等の油っこいものが欲しくなる体質になっていき、体調が壊れてゆくからです。

また対人苦を持ち続けると裕福になれません。なぜなら、いつも眉間にシワがより、恐い顔か辛い顔になり、周りの人を怒りやイライラに巻き込んでしまうからです。そして仕事が、うまくゆかなくなります。

「許さない……」という心をゆるめましょう。「嫌だ!!」と深く思い込まないで、人生を楽しみましょう。「許す」事から始めて、人生を建て直しましょう。

旅やハイキングをしたり良く笑う友や、なぐさめ合えて向上心のある友を選びましょう。

ただグチと文句を批判だけを言い合う友の輪は、負の運命共同体です。十年経っても、みな不運から脱出できず、人のグチの中で生きている仲間になります。そんな友との運命共同体から抜け出し、希望や勇気や人生を楽しく生きようとする人々のサークルやボランティアやセミナーに参加して自分を救いましょう。人生は変えられます!!　心は形をなします。気づき次第です。人生を変えるには遅いということはありません。誰に出会うか、どんな本に出合うか、どんな勉強会（サークル）、趣味の会に出合うかです。

日常から「嫌だ」「面倒くさい」「辛いね」という思いをなくしてゆくようにしましょう。「嫌だ」を「面白そう」に、「面倒」を「楽しいかも」に、「辛いね、面白くない！」を「少しいい気分になれそう」「人の喜ぶ顔が見たい」という想いや体験に変えてゆきましょう。きっと人生って、こんなに楽しいのか、と付き合う人が変わってきます。

「景色ってこんなに明るく清々しいのか」「朝早いのは、なんと爽やかなんだ……」

と胸を張って朝の空気を吸いたくなります。

きっと大丈夫、人を好きになりなさい。この世はそんなに嫌な奴に満ちている訳ではありません。そりゃ時々いるけどさ、そんな人にも光を送ろう。楽しく明るく、爽やかに、爽やかに。

『心は形をなす』

心には力があります。一つの事を想い続けると現実化してゆきます。心配ばかりする人は、経済的にも健康面でも仕事面でもうまくゆきません。心は想う事をひきつけてゆくからです。嫌う事によって対人関係が壊れてゆくからです。

だから、嫌わない事、楽しむ事。

「お金がない」「あの人が嫌い」と言い続けていると、十年経っても二十年経っても同じ事を言い続けています。逆に良き事を想うと、良き事をひきつけ、良い友人関係、良い仕事、良い経済状態に入ってゆきます。

心の中でいつも占めている事が、楽しい未来なのか、トラブル多い未来に対する心配かを見つめてごらんなさい。

「とにかく、良き事を想い、感謝せよ」です。


良き対人関係にいて、いつも感謝してきたか。「ありがたいね」を口癖にできたか。それとも不安と批判、グチがたくさん口をついて出ているか、失敗を気にして人の失敗も自分の失敗も苦にして逃げてばかりいなかったか。

失敗を『まあ、この位……は、誠意を尽くせばカバーできる』と、失敗を『神から人生の薬』として受け取る事ができるようになれば、あなたは大丈夫です。失敗も離婚もすべてマルイチ。次への船出、帆を修理し舵を直し、方向を再修正して再出航してみましょう。

『すべてマルイチ』です。

人々は順調であると、すぐに『驕り』に入ります。「順調な時」をどういう心で過ごすかが大切。順調が過ぎたあとも順調である為に、同時にたくさんの事をやらないで、とにかく感謝で過ごす。そして丁寧《ていねい》に一つ一つ片づけてゆく習慣を身につけてゆくのです。

喧嘩友達と仲良くなった商工会長

私が四国でセミナーし、そこの商工会の会長と会食した時に会長さんが話された事です。

私は人を許すことや、その人に祈る事をすっかり忘れていました。今日のお話しを聞いて思い出したことがあります。

遠い昔の学生時代に親友と何かの拍子で大喧嘩し、そのままになっていましてね。

卒業間際に悩んでいたところ、母から「その人の名前を呼んで……君、ごめん、許して下さい。仲直りしたい」と祈りなさい、と言われたのです。それで毎朝靴をはく時に、その祈りを実行して二週間程した頃でしたかね、バッタリ校門で友人とはち合わせしたのです。

「あっ……」と緊張して見つめ合ったとたん、彼がにっこりして「もう少しで卒業だね」と握手してきたのです。それで一発で和解した事を思い出しました。

北川先生、人は何かというかも知れませんが、本当に心からの祈りは通じると私は知っています。これからもそれを大切にしようと改めて想いました。ありがとう。

と言われました。今でもその会長さんと私は仲良く交際は続いています。

「時々は、静かなる時を持って怒りを沈めて、平安を得るようにしよう」

子供を叱るよりも、励ます事にエネルギーを向けよう。

怒りは食を狂わすと知って、怒りの感情と肉食の食卓を少なくするようにすると、その穏やかさに子供は落ちつき始めるでしょう。

人生にヨーガとベジタリアンライフと少食を取り入れよう。

自分と子供達と夫の笑顔の写真をたくさん部屋に貼って、やさしさの中に身を置いてみよう。

朝と夕、机やテーブルの上はきれいに片づけましょう。

玄関をゴミ箱にしてはいけません。

靴は脱ぎ捨てないで、きちんと揃えて置きましょう。

室内は、服を脱ぎ捨てたままにしないで、片づけてから出掛けましょう。

いつも身辺を身ぎれいにすると、子供達は凛としてきます。

そうすると子供は落ち着き、集中力とやさしさが増し、才能が伸びてくる事に気づくでしょう。

学校の成績よりも、素直さやのびやかな性格、笑顔の毎日を大切にする事のほうが大事です。

『辛い事は試練ではない』

一番嫌いな人、嫌いな事、苦しい出来事は、決して試練ではありません。

一番嫌いな人、苦しい出来事こそ学びの場であるのです。だから一番嫌いな人、困った人に光を送ろう。すべての辛い事、苦しい事は私達が成長する為に与えられたチャンスなのです。

光に祈りを込めて『その人が健康でありますように、怒りの世界から安らぎの世界に行きますように、良き光に満ちますように……』と、その人の背に向ってでいいから、「エイッ……」と送ってみましょう。

必ず状況が変わってきます。その嫌いな人が自分の付き合いの中で軽くなり普通の人に感じが変わるのを体験するでしょう。

「まずこの世から、嫌いな人を少なくしよう」

『許す事の難しさ、許した後の心地良さ』

私は月に一回、熊本県の小国という山国で、毎月初めに講座を開いています。その中で永い間、対人関係で苦しんでいる女性が通っていました。その方はお義姉さんとの対立をずっと続けて憎しみにまでなっていました。

お義姉さんは少しお金持ち、そしていつも大学に行っている息子自慢、大きな家、車も大きく、あれこれ自分の前で何かにつけ自慢する。ずーっと蔑《さげす》みを受けていると感じて、親族の集りに出るのがとても辛かったと言う。

ある時、家の修理と自分の長男の進学の件で思い余り、借金を申し込んだところ、嫌味を言われてビター文貸してくれなかった。

「まあ高慢ちきで嫌な女」と思ってしまったそうです。

私に会いにきた時に、

「お義姉さんの行為を許してあげなさい」

「エッ、そんな事できません」

「もう、許してあげなさい」

「……それだけは無理、先生は義姉の事を解っていない。あんな自分勝手で冷たい女《ひと》を、あの仕打ちを許せる筈がありません」

「でも許してみて下さい。山根さん、あなたが安らぎますよ」

「……できません。かえってムカムカします」

…………

山根さんは、その時は反発したものの、許そうと努力したようです。

二週間経って、その義姉を許そうとしたが、……できません、ということでした。

「山根さん、光をお義姉さんに送って下さい」

「えっ、あの義姉に善意の光を送るんですか……」

山根さんは心で拒否したけれど、頭でとにかく「……義姉さんあなたを許します。光も送ります」とやっていて一週間した時、

「あー、なんてバカらしい。私は何も悪くないのに、許したあげく義姉の為に幸せの光を送るなんて……なんてバカな事をしているのだろう。いじめられたのは私なのに、バカバカしい！」

そう思って止めてしまった。でも一週間経つと自分の心が少し柔らかくなっているのに気がついた。

そして、あの義姉も私と同じ中年女性、おまけに悩みもいっぱいあってよくグチる。息子がフラフラしている。夫との仲が悪い。大きな家はあちこち傷む。両親の介護が大変。お金がない。歳を老った身体、あちこち痛い……等。

あれっ、私と同じじゃないか。同じレベルの悩みで、ただの「グチおばさん」と気づいたら「かわいそう」と思い始めた。

それからお義姉さんに許しと光を送れるようになり、なんと今は少しも憎い感情はなく、時々笑い合えるくらいになってしまった。状況は変わらないが、自分の心が軽くなり、おかしな事に近所の苦手な人とも交流できるようになった。

『なんという不思議、今までの自分は何をやっていたのだろう……』

多少ぎこちないけれど、心のしこりがとれていき、花や景色もしみじみ美しいと感じるようになったのです。

「嫌な人に光を送るのは、とても難しいけれど……できるようになると自分が変われるのです。不思議です」

『哀しみを乗り越えた人の瞳に
　生まれる光は　あたたかい』

北川八郎　心に静音をもたらす言葉（Ⅲ）

宇宙の黒板

宇宙の黒板に
書き込みなさい
過去の事を　書き込まず
未来の事を　書きなさい
新しい　夢と希望を
書き込みなさい

かつて
陶器を教えていた時
どんな新人も
やれば　やるほど
下手になる人は
いませんでした
進歩しない事はあっても
下手になる人は
いませんでした

やさしい言葉は　救いです
思いやりは　元気を生み
励ましは
生きる力になる……

生きる事は　楽しい
良き仲間は　嬉しい
やさしい言葉は
元気をくれる

神（大いなるもの）は
私たち人間が　大好きです
あなたが　望むものを与えてくれます
心配性の人には　心配をくれます
だから
私の好きなものは
これです　と
笑顔と夢と良き事を
掲げて下さい

運の河

運の河に気づく　分岐点がある
否定的な感情（文句、愚痴、辛い、
嘆き、顔をしかめる）よりも
祝福の感情が
日常の中で多くなった時に
神の喜びを　感じるようになる
怖れるな　怒るな
不安と嫌悪感を
人生から排除する事
そうすると
運の河の流れにのる……

2012・6・2の今日のことば

粗い生き方をすると
荒い　人生になる
丁寧な生き方を選ぶと
おだやかで
争い事の少ない
安らぎの多い人生になる

第Ⅳ章　アラカルト

●怒りなき生き方は、生きる上で最大の目標の一つとすべきものである。

●怒りを無くすと人生は大きく好転し、今まで重たかったトラブルが消えてゆく。

●怒りの人は怒り続ける事で、気づかない内に自分の心に罪の意識が生じる。それが人生の後半で苦の因となって出る事がある。

●毎日の生活の中で不満が重なり怒りがなくならないと、怒りに執着する自分が許せなくて、また怒りが上積みされて……さらに悩む。このささいな心の争いが心の隅に残って気になり、イライラが増してゆく。この結果怒りはさまざまな障害と心のねじれをもたらす。行き着く所……それは病気となって現われる。

●日頃は相手の不快な言葉にいちいち応じないように、呼吸法を身につけよう。すると少々の不快な言葉は乗り切れるだろう。

●腹が立った時こそ荒ぶらないで、ゆっくりと落ちついた話しぶりになるように練習すると、不思議と争いの輪から脱けられる。

●キーワードは「受容」と「寛容」である。

怒―「祈り」

◉ 人を許し、さらにその人に「良き人生を……」と祈るようにしよう。そして、今ある気になる事やトラブルのあった人々に向けて「あなたの心に光を送ります」という作業ができるようになることだ。

許すだけでなく、その「嫌いな人に光を送る事」ができるまで、心の余裕を広げる事を学ぶといい。

そうすると、あなたが救われるだろう。顔色は良くなり、対人関係は改善され、怒りからくる対立が消えてゆく。

◉ 怒りなき生き方は、生きる上で最大の目標の一つとすべきものです。なぜなら怒りやイライラや不安は、多くの人のストレスになって、体調を崩し様々な病気をひき起こすからです。

怒りをなくすと人生は大きく好転し、なかなか解決しなかったトラブルが消えてゆくようになってゆきます。

怒りを消そう。

怒り続けてはいけない。

心も体もその人自身の怒りと、また人から怒られる事で生じる人々への恨みで、ズタズタになっている人々にたくさん出会います。怒りの人は怒り続けることで、気がつかない内に自分の心に罪の意識が生じているのです。


◉その人に善なる光を送るのが、私の勧める許しの方法です。これを実践すると、怒りとその罪を軽減する安らぎの世界につながります。

だから許しなさい。許しなさい。許しなさい……。

許しと好意の光を送りなさい。

そうすると今の悩みが消えてゆく。

そしてあなたが救われる。

「安らいに帰した人の心は静かである。
言葉も静かである。
身の行ないも静かである」
というお釈迦さまの言葉があります。

◉ 食べる行為は〝聖なる行為〟と知って、野菜を多くし肉、魚類は手を合わせつつ、少なく、少なくいただく方がいいのです。

少食と素食と菜食は「長寿組織」にスイッチが入ります。本当の事だろうと思っています。

マウスの実験で、わざと胃腸を傷つけた少食のマウス群は、その回復手術をしたらすぐに傷口が治る。ところが満食のマウス群は、手術後の傷口がウジウジとして治りがとても遅いという報告がなされています。

少し立ち止る勇気を

高速道路を走る時、追い抜き、追い越したが故に、速度を緩められなくなるようになる事があります。休むと、せっかく追い抜いた車に再び先行される嫌さに、休息をとれなくなる。

同じように毎日の生活の中で休む不安にとらわれて、走り、走りて、急ぎ、急ぎて、私たちは疲れていく。

そんなに時を惜しまなくても、そんなに時の流れにおぼれなくても、いいのに……。皆同じように、時の果て、魂の海に流れ着くのであると解ってはいるが、イライラしたり、怒っている時等は……休まない習慣がついて不安にかられて時に急ぐ。

少し立ち止まって、あまり急がず、怒りと不安なく生きる工夫をして生きよう。

怒りと不安なき人生は、安らぎをもたらしてくれる。

怒りと不安は、さまざまな病をもたらす事になる。

その代表は脳溢血と心臓病であり、胃と腸のガンである。

女性にとっての子宮ガンと乳ガンは、不安と怒りと男性社会との戦いからやってくる。


自分の怒りを収めると、相手の人の怒りも収まってくるだろう。

怒りは自分も、相手をも傷つける。

あるエピソード

ボクシングの世界大会で解説をしていた元チャンピオンが、体験を話していた。

リング上では怒った方が負ける。

怒らせた方が勝つ。

怒った人は理性を失い、腕の振りも足なみも乱れてくるから、空振りが多くなるという……。あらゆる世界で、怒りは次の向上のチャンスを失う。

ストレスと怒りは、人の心のエネルギーが身体から洩れてゆく。怒り続けると腰の辺りからオーラの蛇口が開き、心のエネルギーが失われてゆく。元気が失われ寝込む事もあるようだ。

逆に、善意は心のエネルギーが充たされゆくのを感じるだろう。気力が充実して、生きてゆくのが楽しくなるだろう。

立ち上がれなかった心が、立ち上がってくるのを体験するだろう。

私たちは、みんな忙しい。東京の銀座でも新宿でも渋谷でも、何があっても、立ち止まる人少なく、みな、他を省みる余裕もなく自分の為に忙しく過ぎて行く。

時に追われ、利に追われ、生活の為と自分を駆り立てて、時の光の中を駆け抜けてゆく。

だから、このほっとする時間、この少ない出会い、この縁の世界を大切にしよう。

『お金にあまり執着しない心を養う』

繁栄の法則を識《し》る智恵ある人が富を得たならば、人の為に用い、またなすべき良き布施と、人々を助ける良き事業と、人の心を耕す良き教育に資金を投じる事でしょうね。

収入が少なくても、貧しくても、少しも「恥ずかしい事」ではありません。サイフの中にある財でがまんすれば、やがて減ったものは増えていきます。貧を嘆いたり卑屈になったり、そこで不正をして金銭を得る事が恥ずかしいのです。また、財がたくさんあって金持ちなのは「恥ずかしい事」ではありません。そこで不正に財を集めたり財のある事を誇ったり、それをケチったり、貧しい人を笑ったり、人を楽しませず、父母を楽しませず、弱き人々と頒ち合う事をしないで、自分の楽しみと自分の都合だけにお金を使う事が、「恥ずかしい事」なのです。

『嫌いな人にこそ良き祈りを捧げられるか』

私達は自分の好きな人、大事な人に対しては素直に祈りを捧げられる。

さらに、もっと大切なことは、嫌いな人や自分に辛くあたる人にこそ、良き祈りを捧げることなのだ。

そうすると不思議な事に、周りから嫌いな人がいなくなってゆく経験をする。

周りから、嫌いな人や、会う事が苦になる人が少なくなると、ストレスが少なくなるだけでなく、みるみる仕事や対人関係が改善されていくだろう。

それ故に、一番嫌いな人、困った人に光を送れ。

あなたが救われる。さらに、全く変らないと思われていた状況に不思議な変化が訪れる。

『どう見られているか気になる人は孤立する』

いつも、人からどう見られるかが気になる人は、同じように他の人の行為や服装、ちょっとした仕草や日常の感情にも、好き嫌いの評価を持ちこんでしまう。つい自分が噂になっているのではないかと気になり、心がとがってくるようだ。人を好き嫌いで見つめていると、人への評価で自分をしばり、人と正面から目を合わせられなくなる。

そんな生き方や自分を修正するには、周りの人に「声をかけて」善意を与えっぱなしにする事。ただ与えっぱなし!!　効果を期待しない……これがマイルール。「与えっぱなし」。ただただ、良き感情、祝福を与える事。ひたすら良きものを与える事。お礼の言葉なんか気にしない、お礼なんか期待しない習慣を身につける。反応が返ってくる事に敏感にならないで、善意、好意の与えっぱなしの練習をすると心が穏やかになる。

「ありがとう」と「大好き」の世界のほうがなんと楽しく生きていける事かを知る事になる。

・嫌いな人の存在を許し、人を嫌う自分の存在も許すと救いがくる。
・いつも人と自分の間に警戒の線を引くのをやめ、仲間づくりの輪のヒモを四、五人の向こうまで少し広げてみて、仲間を増やそう。自分の周りに意外といい人が多い事に気づくだろう。

―◇―◇―◇―

自分の欲、自分の都合、自分の人生が一番だと考える人は多い。その気持ちで生きていると、いつしか敵と思える人に矢を射《い》始める。そしてその欲の矢はやがてトラブルとなって、自分に返ってくる。

さらに自分が正しいといつも思う人にとって、人生が順調な時が一番難しい。

また親しき人からの諌《いさ》めを聞かず、自分のする事がすべて正しいと思い始めた時、人生の頂上の九合目に来たと知らねばなりません。

すぐそばに下り坂はあり、その時あなたの背の重い貨車の数が多い程（地位や名誉や社員数や財産が大きい程）、機関車のブレーキは利かなくなり、破運を招きよせてしまうのです。

すべて自分のせいであり、世間や時代のせいではない。

すべてあなたのなした事です。

それに気づくと、また、倒れた樹の根から芽が出てくる事があります。


「すべて、なした事の受取人は……自分」

『友について』

あれこれ怒りのまま人生を送るなかれ……。怒りを消してくれる良き友を持て、良き友は宝である。

不正と利を追う狩人になるなかれ。濁りの狩人はやがて自分が狩られる人になってしまうからだ。これは法則なのです。

アリストテレスは言っています。「友人は第二の自分である」。今つき合っている友を、少し離れて眺めて見よう。その姿が、あなたなのです。

善き人からは、善きエネルギーがもらえ、人は栄える。

悪しき友からは、悪しきエネルギーをもらって、トラブルと貧にあえぐ。

◉人から歓び迎えられる好ましい言葉がある。それを考えてみよう。

一、人を励ます言葉　　（ここに書いてみよう）

二、その人の魂を高めるような言葉（祈りの言葉）（ここに書いてみよう）

三、その人の運を高めるような言葉（ここに書いてみよう）

四、その人を健康にするような言葉（ここに書いてみよう）

五、病気が治るような言葉、傷みと苦が軽くなるような言葉
（ここに書いてみよう）

……である。

否定的な言葉や、誇りを傷つける言葉や、人を傷つける言葉は私たちの運気を削ぎ、苦と悩みをもたらす。この事を知って、良き言葉、良き例をいつも口にするならば、きっと多くの人々から歓び迎えられるようになる。

きっとあなたの心のレベルに応じて、周りの人々や仕事の内容、付き合う相手が変わってくる事を体験してゆく。

◉では、次に他人を害する言葉とは……を考えてみよう。

一、怒りに満ちた言葉　（ここに書いてみよう）

一、嘘、いつわりの言葉　（ここに書いてみよう）

一、軽蔑の言葉　（ここに書いてみよう）

一、中傷や恨みの言葉　（ここに書いてみよう）

一、人を嫌う言葉　（ここに書いてみよう）

良き言葉と悪しき言葉とは、自分で考えてどんな言葉か具体的に紙に書いてみよう（ここで書くと同時に、別の紙に書き出してみてほしい）。自分が言われたい言葉、逆に傷つく言葉がたくさんあるだろう。それ等の言葉を日常の対人関係に生かせるように……目ざして生きよう。

すると、あなたは光に輝くだろう。

『友が少ない人は』

他の人をあれこれ評価するくせの人は、逆に自分がどう見られているかが気になる。他人の目、つまり他人からの評価が苦になり、仲間を嫌い、友を失い孤立の道を歩む。

もしそんな自分に気づき、そんな自分が嫌になったら、他人に善意を向ける練習をしよう。他の人が、元気で笑顔に満ちていることを、いつも心に願いながらやってみよう。

心に浮かぶ悪しき感情や性癖をのり越えることを、今生の課題としよう。

できる限り「嫌な人」を少なくする練習をしよう。人を許し、人の幸せ、成功に拍手を送ってみる。きっと人生の方向が変り始めるだろう。

あまりに他人を責めず、他人と自分の二つの苦を除いてゆこう。他人に投げた矢はやがて自分に返ってくる。

他の人に厳しい評価や傷つけるような言葉、感情を投げつけることは、自分に一番打撃をもたらすと知ればやめられる。

そうすると、やがてあなたが救われることを知る日がくる。

今まで嫌だと思っていた人の行動が気にならなくなり、人生の車輪が良き方向に回り始めることを体験するだろう。

過失にはとり返しのつかない過失と、とり返しのつく過失があるが、とり返しのつかない過失には、きちんと生きていれば、そうそう出遭う事はない。よく注意して他人を責めず、とり返しのつかない過失を犯さなければ人生は楽しい。

あなたはきっと輝き始める。

方法例

嫌な事や心配な場面が心に浮かんだら、赤い四角の線でそれを囲み「これはやってこない」と大きくバツを入れるのです。

そして、その場面からうまくいったシーンや、こうあってほしい笑顔に満ちた望ましい場面にイメージを変えて、それに白丸をつけて線で囲み、「この事がやってくる」と言って、微笑むのです。力《りき》んではいけません。白丸がやってくると信じるのです。

何度もやらないのがコツ。二、三回でいいのです。多くやると、心は信じてなく「不安だからやる」と思ってしまう。

『運の谷間に入った時』―私はこうします

もし、どうしようもない運の谷間に入って、にっちもさっちもいかなくなった時は、次の事柄のできる部分は全部やってみよう。

①人には丁寧に接する
- 荒い言葉を使わない
- プラスの言葉　良き言葉　希望ある言葉を使う
- 部下や弱い人にやさしく接する

②小さな事を嫌わない
- イライラを抑える
- 「めんどくさい」事からやってゆく
- 朝一番を気分良く過ごす

●「今日も楽しく　今日も明るく
今日も元気に　さわやかに…感謝　感謝」と朝一番で復唱する

③病の人の為に祈る
●お見舞いに行き声をかける
●いつも光を送って回復を祈る

④食事を少食にする
●短断食をする（一日または三日断食）
●夜遅く食事をしない（夜九時以降）
●食べ過ぎ　飲み過ぎに走らない

⑤家と会社のトイレ掃除をする　早く出勤して会社のロッカーを掃除する
●家族一人一人　　●病の人、一人一人
●友人一人一人　　●気になる人、一人一人
の名を唱えながら祝福して掃除する

⑥急がない　あわてない
●ゆっくりデーンと構える　デーンと構える
●車を飛ばさない　追い越さない　●ゆずる

⑦人々や友や家業の祝事は積極的にやり　参加する

⑧「予祝《よしゅく》」をする
●人生のどん底を祝うのです。あとは上昇のみ！　って……。
「祝いの時だ」と上昇を祝う。良き未来を先取りするのです。

⑨どうしようもない時……

●神の座に預ける　――つまり神に任せる　神の手にゆだねる

●神にまかせますと声にして言う

「神よ、あなたにお任せ致します。すべてを受け入れます」

●呪文を唱える

例えば般若心教、または大日光明真言や、「オンコロコロセンダリマトウギそわか」等を唱える。

●光の瞑想をする

光に満たされ、相手も自分も関わるすべての人々が、光のシャワーを浴び、歓喜に満ちている瞑想を三十分毎朝行う。

北川八郎　心に静音をもたらす言葉（Ⅳ）

いつまでも
順調なわけでなく
いつまでも
辛く悪いばかりでもない
全力を尽くしたあとは
「神の座にあずけよ」

出来事のすべては
良き未来の為に　ある
すべては　神からの手紙で
生活を少し
見直すチャンス
あらゆる事は
感謝の中で
成立させるように
教えてくれているようだ

あなたが　ここに来て
安らぎを得るだけでなく
安らぎを　与える人になろう
悩んでいる人に
勇気を与え
健康を与え
哀しみをとってあげよう
両手を自分の為に使うのはやめて
片手は
人の為に使おう……

運の河のせせらぎを聴こう

運の河の流れにのると
人生の出来事や事態が
自然に自分の望む方向に
あるべき方向に
流れ始めた事に気づく
その流れに乗れば
生まれてきた　本来の能力と
自由と　経済的なものと
健康を得られる
運の河のせせらぎに
耳をすましてみよう

あなたの吐く言葉が
あなたを苦しめ
あなたを励ます
心を汚す言葉を
吐いてはいけない
人間性の感じられる
素朴な言葉は
人の心を貫く

満月を観ながら……熊本小国郷にて

昨夜は　素晴らしい澄んだ大気の中
卵色の　大きな満月が
ゆっくり　ゆっくり
クヌギの枯れた枝を押し分けて
昇ってきました
空気が素晴らしく爽やかで　おいしく
山深い湧水を　飲んでいるようでした
沸いていた　五右衛門風呂に
昇りゆく満月を　湯に映したく
身を沈めて　波を静めると
クッキリと
満月が湯に揺らめき浮かびました
拍手をすると
満月が湯に散ってゆきます
おとなしく　おとなしくして
満月が　窓から昇りきるまで
月夜の闇に　浸りきり
息を潜めて　風呂の中
満月と共に　風呂しました
昨年は雪が大地を覆っていましたが
今年は澄んだ空気が
風呂の外に満ちて
月明かりが　景色の遠近感を消して
静かに　輝いていました
安らぎの時間をいただきました

終わりに　何を目ざすか

お釈迦さまの言葉に

「この世の禍福いずれも執着なく、汚れなく、清らかな人。敵意ある人の中にあって敵意なく、執着する者どもの中にあって執着しない人。前にも後にも中間にも、一切を所有せず、すべて無一物で何ものをも執着することのない人」

こういう人を目指せと……。

そうするならば光明が訪れ、今世も来世も福に見まわれる……と。

しかし、それはこの文明社会に住んでいては、なかなか難しい。

でも、

怒るなかれ。

たくさんの食を求めるなかれ。

聡明でありなさい。
気高く生きなさい。
欲と貪りを少なくし、いつまでもだらだらと眠ってはいけない。
人の為に尽くしなさい。
いつも人の役に立つ事を考え行いなさい。
人の喜びに参加しなさい。
自分を傷つけた人を許しなさい。
良き祈りをあげなさい。
清明な人になりなさい。
いつも戒を抱いて、自分の才能を人々の為に役立てなさい。

……で、たくさん「あれこれしなさい」と、うるさいとお思いでしょうが……この中で一つだけでいいから、それを目ざしていると、よく心は統一され、世の流れに右往左往する事がなくなり、いつも澄んだ意思と澄んだ瞳で人を見つめられる日が、そう……今世中にやってくるでしょう。
と、私はそれを目ざしたいと思います。

北川八郎

私の子供時代

（昭和二十二年〜二十六年）

いつも遊びまくって
「あぁー楽しかった」と母に言って
母の膝元で
するりと　眠ってしまっていた
母が
「あんたは　いいねぇ」といつも言っていた
この人生も　神に
「あぁー楽しかったです」
「ありがとうございました」と言いたい
そして神の膝元で　するりと眠れるように
皆さん　光あれ……

著者略歴

北川　八郎（きたがわ　はちろう）

1970年代、カネボウ化粧品（株）の銀座本社に勤務中に会社の正義と社会の正義とのはざ間で苦悩。答えを求めてカネボウを退社。人として生きている意味を見失い迷いの森をさまよう。

インド放浪。1985年に信州より九州阿蘇外輪山の小国郷に移住。

41歳の時黒川温泉の平の台水源の森で41日間の断食（水のみ）。43歳の時46日間の水だけの断食に導かれ「人としての小さな光明を得た」。

宗教とは関係なく今生、人を許し怒りを少なくし罪少なく生きる事、いつも人の善の為に祈る事を命題として与えられた。

競い合う事よりも頒ち合いとやさしきエネルギーの中で多くの人々とつながり生きるよう導かれた。

平凡な一人として平和感と安らぎの内に自然の中で暮らしてゆく為に「三農七陶」の生活を送る。人々に「祈りを伝える者」として生きる事が残りの仕事と感じている。

1944年北九州市生まれ。小倉高校卒。阿蘇山中の南小国町にて満願寺窯を構え、トマト灰釉など自然灰釉の器を創って生きる。

■北川八郎公式サイト「満願寺窯・北川八郎」http://manganjigama.jp/
展示会、講演会、楽心会等の日程、陶器、書籍の購入、食と健康の情報などを掲載しています。

（主な著作物）
北川八郎　心の講話集
『1巻　心にある力』
『2巻　断食のすすめ』
『3巻　対人苦からの解放』
『4巻　繁栄の法則』
『5巻　ベジタリアンライフのすすめ』
『6巻　光る足』など。

『繁栄の法則』—致知出版
『ブッダのことば　百言百話』—致知出版
『自然灰釉の作り方』—理工学社
『あなたを苦から救う　お釈迦さまのことば』—高木書房
『あなたを不安から救ってくれる　お釈迦さまのことば』—高木書房
『幸せマイルール』—高木書房
『三日食べなくても大丈夫‼　断食のすすめ』—高木書房

※自宅注文　FAX 0967-42-1372

対人苦の解決
明るい未来へ

平成二十四年十一月十日 第一刷発行

著　者　北川　八郎
発行者　斎藤　信二
発行所　株式会社 高木書房
〒一一四—〇〇一二
東京都北区田端新町一—二一—一—四〇二
電　話　〇三—五八五五—一二八〇
ＦＡＸ　〇三—五八五五—一二八一
装　幀　株式会社インタープレイ
印刷・製本　株式会社ワコープラネット

 ISBN978-4-88471-095-8　Printed in Japan